AF359247

LES TROIS AGES DE L'OPÉRA,

PROLOGUE,

REPRÉSENTÉ

POUR LA PREMIERE FOIS,

PAR L'ACADÉMIE-ROYALE DE MUSIQUE,

Le Lundi 27 Avril 1778.

SUIVI DE L'ACTE DE FLORE.

PRIX XXX SOLS.

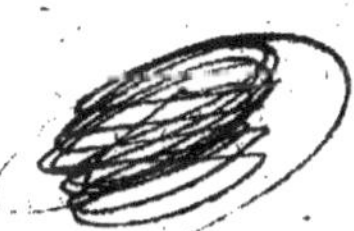

A PARIS,

AUX DÉPENS DE L'ACADÉMIE.

De l'Imprimerie de P. DE LORMEL, Imprimeur de ladite Académie, rue du Foin Saint-Jacques, à l'Image Sainte Genevieve.

On trouvera des Exemplaires du Poëme à la Salle de l'Opéra.

M. DCC. LXXVIII.

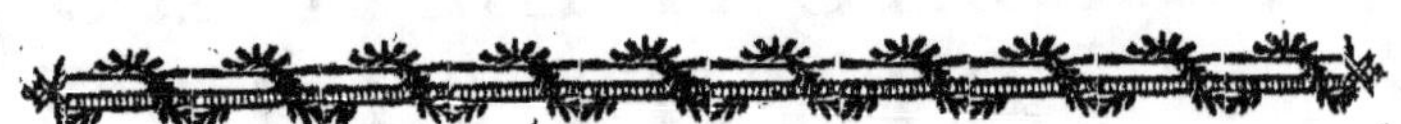

Les Paroles du Prologue, de M.***.

La Musique de M. GRÉTRY.

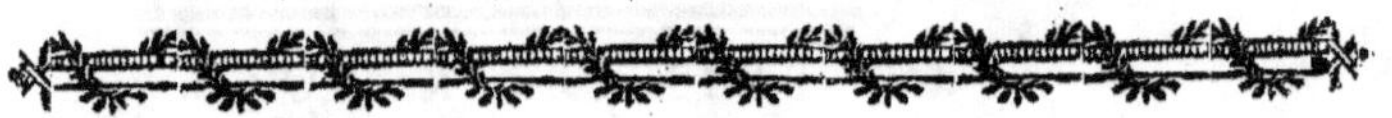

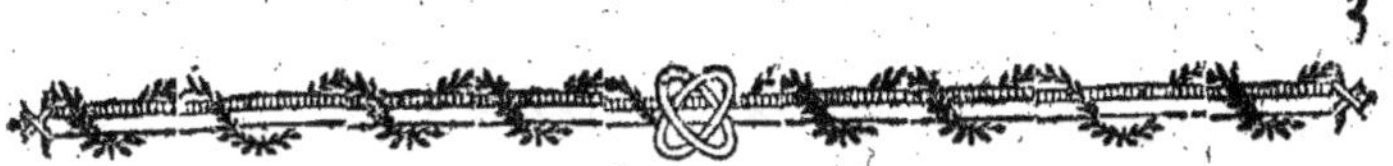

AVERTISSEMENT.

Trois époques principales paroissent devoir diviser l'Histoire de l'Opéra, quant aux différentes formes de la composition musicale.

1°. LULLY a été parmi nous le Fondateur de ce Spectacle, & de concert avec l'inimitable QUINAULT, en a réglé l'ensemble & la division en Scènes & en Divertissements.

2°. RAMEAU lui a donné un plus grand essor, par la profondeur de sa science, la beauté de ses Chœurs, & la perfection de ses airs de danse.

3°. M. le Chevalier GLUCK vient d'y produire une révolution plus éclatante encore & plus marquée, en donnant à la composition de ses Opéras, un mouvement tragique qui n'avoit pas encore été employé.

L'on ne s'est permis de citer que ces trois Hommes célébres, parce que le but de cet ouvrage n'ayant été que d'indiquer les révolutions que la Musique a éprouvées sur le théâtre de l'Opéra, il a paru conséquent de ne parler que des Compositeurs qui ont décidé ces mêmes révolutions.

C'est avec le plus grand regret que l'on s'est abste-

nu de faire mention de l'aimable génie qui vient de transporter sur notre *Théâtre Lyrique*, les graces de l'Italie, & de nous enrichir de beautés non moins intéressantes, hors de la Scêne, que sur la Scêne même. Mais on a considéré qu'un ouvrage ne doit avoir qu'un plan, & que tout ce qui est hors de ce plan, a nécessairement l'air contraint, & qu'un hommage contraint & déplacé, n'est pas fait pour les talens supérieurs.

Plein d'admiration pour tous les talens, soit *Nationaux*, soit *Etrangers*, qui veulent bien consacrer leurs veilles aux progrès de l'Art, & au soutien d'un Spectacle que le Public a goûté constamment depuis plus de 120 ans, on se borne à souhaiter que ces mêmes talens ne perdent jamais de vûe que nos Opéras ne peuvent arriver au point de perfection, que par la réunion de beaucoup de parties différentes, que la moindre de ces parties est essentielle à l'ensemble, & que cet ensemble ne peut être trop respecté par les Auteurs, puisque c'est lui seul qui peut assurer la supériorité de notre Opéra, sur tous les autres Spectacles du même genre.

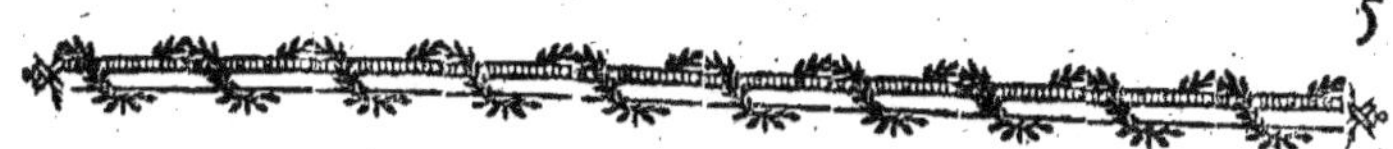

ACTEURS ET ACTRICES
CHANTANTS DANS LES CHŒURS.

CÔTÉ DU ROI.		CÔTÉ DE LA REINE.	
Mesdemoiselles.	*Messieurs.*	*Mesdemoiselles.*	*Messieurs.*
Dubuisson.	Cailteau.	d'Agée.	Huet.
Veron.	Héri.	Chenais.	Itasse.
Garrus.	Lagier.	des Rosières.	Jouve.
d'Hautrive.	le Grand.	Constance.	Moulin.
Sanctus.	Martin.	Laurence.	Jalaguier.
Rouxelin.	Candeille.	Lamboley.	Gavaudan.
Duffée.	Larlat.	Paris.	Lanctin.
St. Aubin.	Poussez.	Gavaudan.	Méon.
Perrinot.	Lothe.	Victoire.	Cleret.
le Prieur.	Parmentier.	Prieur, c.	Tacuffet.
Prévot.		Chabaneau.	Bayon.
Dumontier.		Thaunat.	de Lori.
			Fagnan.
			Joinville.

ACTEURS.

LE GÉNIE DE L'OPÉRA,   M. le Gros.

MELPOMENE,   Mlle. Levasseur.

POLYMNIE,   Mlle. la Guerre.

TERPSICHORE,   Mlle. Gavaudan.

LULLY,   M. Gélin.

RAMEAU,   M. Durand.

MOMUS,   M. Moreau.

CORIPHÉ,   M. Tirot.

SUITE DE LULLY.

RENAUD,	Mr Lainés.	ARMIDE,	Mlle le Prieur.
PHAÉTON,	Mr Poussez.	MÉDÉE,	Mlle Dhauterive.
ATYS,	M^r le Grand.	SANGARIDE,	Mlle Dussée.

SUITE DE RAMEAU.

CASTOR,	Mr Tirot.	THÉLAÏRE,	Mlle Joinville.
ZOROASTRE,	Mr Candeille.	MÉLITE,	Mlle Dubuisson.
DARDANUS,	Mr Moulin.	IPHISE,	Mlle le Bourgeois.

SUITE DE MOMUS.

TROUPE D'ARTISTES DE TOUS GENRES.

PERSONNAGES DANSANTS.

LES MARIÉS.

M. GARDEL, l.   Mlle. HEYNEL.

POLONOIS.

M. DAUBERVAL.

Mlles ASSELIN.   THÉODORE.

M. VESTRIS, f.

BERGERS.

M^{rs}. ABRAHAM,   LE BRETON.

Mlles. BIGOTINI,   VICTOIRE.

M^{rs}. Doffion, Giguet, Cafter, Clergé.

Mlles. Villette, Tifte, Duval, Courtois. c.

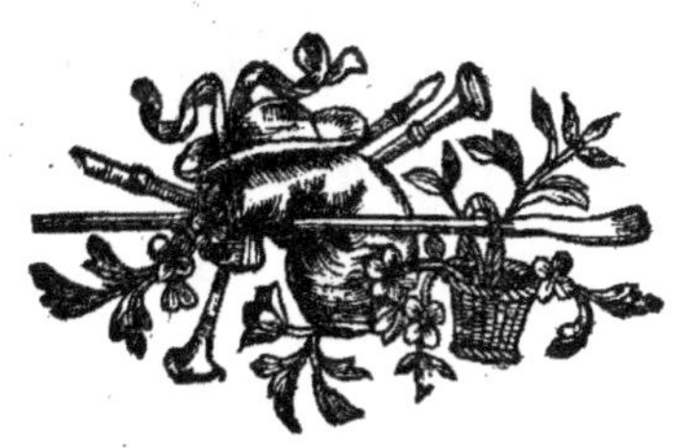

JEUX ET PLAISIRS.

M^rs. Barre', Olivier.

Mlles. Muler, Coulon.

M^rs. Hennequin, c. Laval, Ducel; Dupré.

Mlles. Courtois, 1. Carré, Thiery, Elize.

PAS DE VIEUX.

M^rs. Malter, Laurent.

Mlle. Vernier.

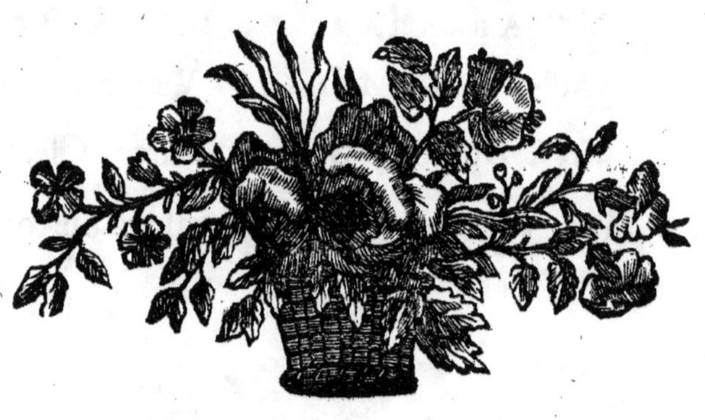

LES

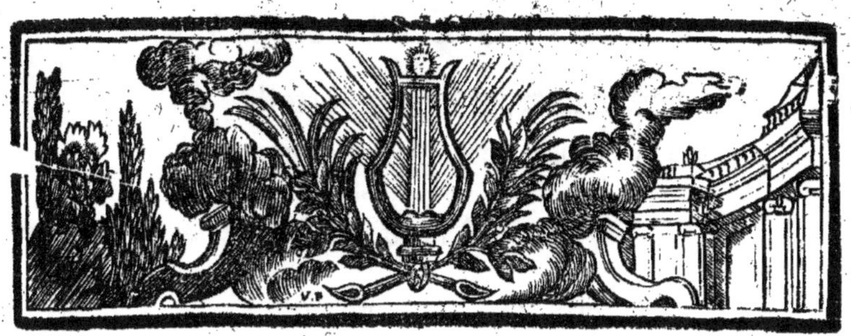

LES TROIS AGES
DE L'OPÉRA.

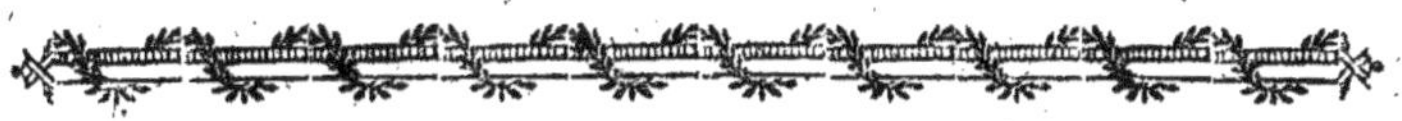

(Le Théâtre doit repréſenter un lieu tranquille, où l'on voit d'un côté pluſieurs groupes d'ARTISTES dans des attitudes de déſœuvrement, de l'autre un Pavillon où ſont POLYMNIE, TERPSICORE & MELPOMENE, chacune diſtinguée par ſes attributs, & dans le fond le Temple de l'Immortalité.

SCÉNE PREMIERE.
LE *GÉNIE* DE L'*OPÉRA.*

QUE déſormais tout dans ces lieux
Reprenne une ardeur nouvelle.

(S'adreſſant aux groupes des Artiſtes.)

Arts & talens, la gloire vous appelle,
Venez dans ce moment heureux

B

Cueillir une palme immortelle
Dans l'empire aimable des jeux.

LE *CHŒUR*.

Quelle voix nous appelle ?
Reprenons une ardeur nouvelle.
Courons cueillir une palme immortelle
Dans l'empire aimable des jeux.

LE *GÉNIE* DE *L'OPÉRA*.

Et vous que l'univers adore,
Vous, qui fur nos plaifirs établiffez vos droits,
Savante Polymnie, aimable Terpfichore,
Terrible Melpomene, accourez à ma voix.

POLYMNIE, *TERPSICHORE*, *MELPOMENE*.

Nous accourons à ta voix fouveraine :
Parle, qu'exige-tu de nous ?

LE *GÉNIE* DE *L'OPÉRA*.

Je veux fur la lyrique fcêne,
Préparer les jeux les plus doux ;
Eh ! qui peut jamais mieux que vous,
Servir le zèle qui m'entraîne ?

POLYMNIE.

AIR.

Venez mortels,
Votre fidèle hommage,
Doit être le partage
De mes autels.
A mes vives flâmes
Tout doit obéir ;
Si je triomphe de vos âmes,
C'eſt par le charme du plaiſir.

MELPOMENE.

Par mes terribles accens,
Je ſaiſis, j'étonne, j'entraîne,
Rien ne réſiſte à mes efforts puiſſans ;
Et l'ame des mortels ſera dans tous les tems
L'impoſante & ſublime ſcêne,
Où le charme des ſentimens
Gravera par des traits conſtans
Le triomphe de Melpomene.

Les Héros & les Rois, & leurs travaux fameux,
Appartiennent à mon Empire,
Et c'eſt par moi que l'on peut dire
Que l'art des vers eſt la langue des Dieux.

TERPSICHORE,

Plus folâtre & plus vive,
Je trace tour à tour
La peinture naïve
Des plaifirs de l'Amour.
Chez l'aimable Bergere,
Je regne avec douceur :
Mon trône eft la fougère,
Mon fceptre eft une fleur.

Je puis pourtant prétendre
Au plus fublime honneur ;
Mais j'aime mieux defcendre
Et trouver le bonheur.
De la fiere trompette
J'aime peu les éclats,
Et la fimple mufette,
Guide bien mieux mes pas.

Tantôt noble & fevère
Je peins la dignité ;
Tantôt vive & légere
J'infpire la gaïté :
Dans chaque caractère
Me fuffifant toujours,
Je fçais charmer & plaire
Sans l'attrait du difcours.

TRIO.

POLYMNIE.	MELPOMENE.	TERPSICHORE.
Je plais aux sens, je touche l'ame : Rien ne peut réfifter à mes accords puiffans.	Le fentiment me doit fa flâme : Rien ne peut réfifter à mes divins accens.	Je conduis en tous lieux Les plaifirs & les jeux : Rien ne peut réfifter à mes attraits charmans.

POLYMNIE, TERPSICHORE, MELPOMENE.

Uniffons à jamais
Nos plus brillans attraits.
Que tout refpire
Le doux plaifir ;
Que tout infpire
L'art d'en jouir.

POLYMNIE

Souffrez qu'à vos regards je faffe ici paroître
Quelques-uns de mes favoris.

TERPSICHORE,

A mon tour je prétens vous faire auffi connoître
Celui de mes Sujets que fur-tout je chéris.

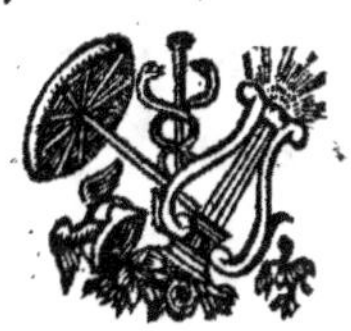

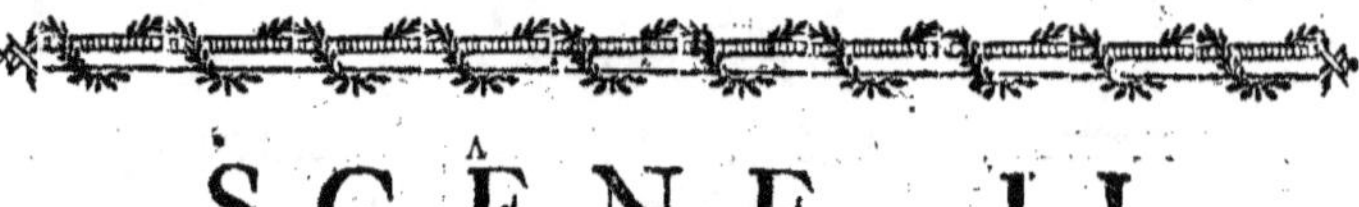

SCÊNE II.

(On entend une Marche.)

LE GÉNIE DE L'OPÉRA.

QU'entens - je.... ah ! c'est Lully qui paroît à
mes yeux ?

POLYMNIE.

Oui c'est lui-même : dans ces lieux
C'est lui qui fonda ma puissance,
Et je lui dois trop de reconnoissance,
Pour ne pas la prouver en ces momens heureux.

MARCHE.

*(Sur une Marche qui est celle du triomphe de
Thésée, on voit paroître Lully, entouré de
quelques-uns des Personnages de ses principaux
Opéras, tels que Renaud, Roland, Armide,
Atys, Sangaride, Médée, &c.)*

(POLYMNIE *va le chercher, & l'amene au*
GÉNIE DE L'OPÉRA.*)*

LULLY.

Vous voyez un chanteur antique
Qui mérita quelque succès.

J'ai fait connoître la Mufique
Au peuple aimable des François :
Un art plus brillant me remplace ;
Mais convenez de bonne foi,
Que beaucoup d'autres à ma place
N'en auroient pas fait plus que moi.
Faites grace à mon âge en faveur de ma gloire ;
Voyez tous les plaifirs que j'ai fçû préparer ;
La vieilleffe offre encore des traits à révérer,
Quand les plus beaux lauriers atteftent fa victoire.

LE GÉNIE DE L'OPÉRA.

Bon Lully vous ferez toujours
Un des modèles de la Scêne.

LULLY.

Non ; j'ai vu paffer mes beaux jours,
J'en conviens, & le dis, fans peine :
Eh ! pourquoi s'affliger ?
Tour à tour tout doit changer.

LULLY & un des Perfonnages de fa Suite.

(*Duo parodié d'un Duo de Théfée.*)

Pour le peu de bon tems qui nous refte,
Rien n'eft fi funefte

Qu'un noir chagrin :
Achevons nos vieux ans sans allarmes,
La gloire a des charmes
Jusqu'à la fin.
Rien ne garde sa place,
Tour à tour tout passe,
Telle est la loi du destin.
Le tems qui nous presse,
Nous redit sans cesse,
Quand on est prudent,
Il faut avec adresse
Saisir l'instant.

LE *GÉNIE* DE *L'OPÉRA.*

Bannissez ces regrèts,
Votre nom ne mourra jamais.
Il est inscrit au Temple de Mémoire,
Et la main sévere du tems
Respectera toujours la gloire
Des véritables talens.

(*LULLY s'en va sur la même Marche sur laquelle
il est arrivé,* LE GÉNIE DE L'OPERA *le conduit au Temple de l'Immortalité, & on chante
le Chœur qui suit.*)

CHŒUR

CHŒUR parodié du Triomphe de Théfée.

Que l'on doit être
Content d'avoir un maître
Dont on chérit les loix.
A fa victoire
Applaudiffons mille fois :
Joignons nos voix.
Qu'à jamais dure fa gloire,
Et qu'au Temple de Mémoire,
Des lauriers toujours nouveaux
Soient le prix de fes travaux.

(*On entend une Symphonie brillante.*)

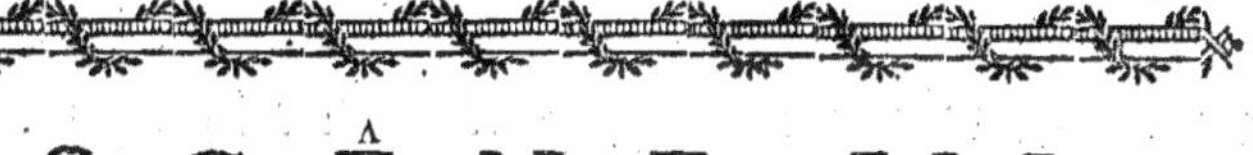

SCÊNE III.

LE *GÉNIE* DE *L'OPÉRA.*

Quel bruit fe fait entendre encore?
Quels concerts harmonieux !

TERPSICHORE.

Ils promettent à vos yeux,
Le favori de Terpfichore.

SYMPHONIE.

C

*(Elle va au-devant de RAMEAU, pour le présenter
au GÉNIE DE L'OPÉRA.)*

*(Sur une Marche RAMEAU paroît entouré comme.
LULLY , des principaux Personnages de ses
Opéras , tels que Castor, Telaïre , Zoroastre,
Iphise , & des différens caractères de la Danse ,
chacun dans leur Costume.*

LE GÉNIE DE L'OPÉRA.

Est-ce-vous, immortel Rameau ?
De la Scêne lyrique , appui toujours durable,
Venez jouir d'un triomphe nouveau.
Vos Chœurs savans, pompeux, & votre Danse ai-
mable,
Quels que soient les progrès dont l'art sera capable,
Vous placeront toujours dans le rang le plus
beau.

RAMEAU.

Ah ! je vois ma gloire ternie,
Envain l'Europe entiere a goûté mes travaux.
Au sein même de ma Patrie
J'ai vu forger les traits qui troublent mon repos.

AIR parodié de Gavotes de Rameau.

Des effets de l'harmonie
J'ai cherché les tons divers.

On reproche à mon génie
D'être fec, fans mélodie,
Et fauvage dans fes airs.
MINEUR.
Des accords que l'ame infpire,
Si j'ai mal connu l'emploi,
Eft-ce à moi de vous le dire ?
Soumis tous deux à ma loi,
Dardanus & Télaïre
Vous répondront mieux que moi.

LE GÉNIE DE L'OPÉRA.

Vous Rameau, fans Mélodie !
Eh ! qui l'ofa dire jamais !
Favoris de Polymnie,
Venez de ce beau génie
Nous rappeller quelques traits.

(*On chante le* CHŒUR.)

Suivons les loix, &c.

(*Après le* CHŒUR, *on commence un air de danfe.*)

LE GÉNIE DE L'OPÉRA *l'interrompt, & dit,*
Sufpendons ces jeux charmans,
Un autre foin nous appelle.
Grand Rameau vous ferez long-tems
De vos fucceffeurs le modèle.

Allez, foyez sûr que le tems,
Loin de nuire jamais à vos rares talens,
Ne fera qu'ajoûter encore
A l'éclat des lauriers brillans
Qu'a pour vous cueillis Terpſichore.

(LE GÉNIE DE L'OPÉRA le conduit au Temple de l'Immortalité, & tout ſon Cortege chante le Chœur qui ſuit, parodié de celui des Sauvages.

LE CHŒUR.

Du beau génie
Que Polymnie
Se plût à couronner de ſes rares bienfaits,
Chantons la gloire.
Que ſa mémoire
Pour nous ſoit à jamais le gage des ſuccès.

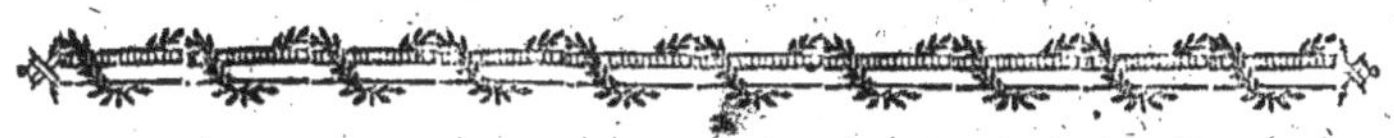

SCÈNE IV.

(On entend le début de l'ouverture d'Iphigénie.)

LE *GÉNIE* DE *L'OPÉRA.*

QUels sons nouveaux ! sublime Melpomène,
C'est vous qu'ils semblent annoncer.

MELPOMENE.

Oui, je viens à mon tour sur la lyrique scêne :
Montrer les traits nouveaux que l'art doit prononcer.
   Que la naïve & simple mélodie
   Chante les bois, les amours & la paix :
   Que Terpsichore & sa grace infinie
   Offre à vos yeux mille jeux pleins d'attraits.
    Mais ne bornez pas à ces traits
    La carriere la plus brillante.
    Il est de plus nobles effets
Que d'accord avec l'art votre âme vous presente.

La haine, la pitié, la tendresse, l'horreur,
Le crime furieux, la plaintive innocence,
    L'amour jaloux que l'on offense,
    Toutes les passions qui troublent votre cœur,

Sont les tréfors de ma puiffance ;
Et c'eft par eux qu'avec fierté,
Il faut qu'à grand pas l'art s'élance
Vers l'Immortalité.

LE *CHŒUR.*

Tous nos cœurs font remplis d'une foudaine ivreffe,
Mais qui peut nous guider vers toi.

MELPOMENE.

Un Mortel a furpris mes fecrets.

LE *CHŒUR.*

Qu'il paroiffe ?

MELPOMENE.

Non, non : fes momens font à moi,
Pour de nouveaux fuccès il médite peut-être,
Mais je puis cependant vous le faire connoître.
Ecoutez ce feul trait : fi je l'ai préféré,
C'eft qu'aux français toujours il aura droit de plaire,
Par l'hommage touchant qu'il a permis de faire
A l'objet le plus adoré.

CHŒUR D'IPHIGÉNIE.

Chantons, célébrons notre Reine,
L'amour fous fes loix nous enchaîne.

Nous serons heureux à jamais.

LE GÉNIE DE L'OPÉRA.

Muses, j'implore vos bienfaits,
A vos talens divers, tout doit rendre les armes;
Daignez en réunir les charmes,
Et de ce doux accord les Mortels satisfaits,
Pourront de leurs plaisirs voir renaître l'aurore.
En se communiquant leurs aimables attraits,
Les arts & les talens s'embellissent encore.

(On danse.)

*(LE CHŒUR se joint au GÉNIE DE L'OPÉRA,
après quoi il dit seul.)*

Reprenez belle Terpsicore,
Reprenez vos aimables jeux;
Daignez retracer à nos yeux
Les progrès ingénieux
De l'art brillant qui vous décore.

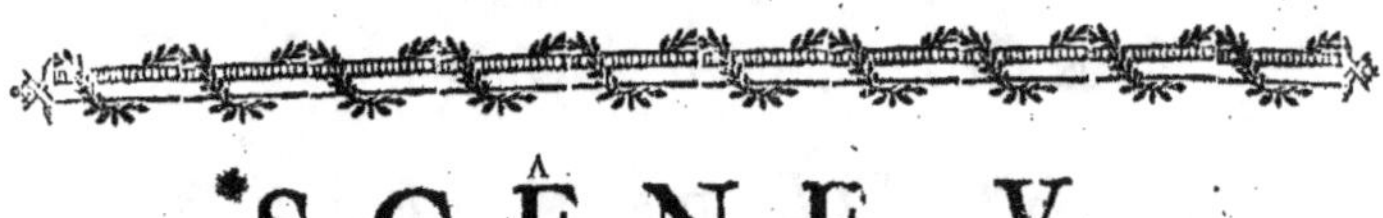

SCÊNE V.

(Un Ballet préſente les différens âges de la danſe
& ſes divers caraĉteres. Ce Ballet eſt interrompu
par une ſymphonie très-vive & très-brillante.)

SCÊNE

SCÈNE VI.

MOMUS *paroît accompagné des* ACTEURS BOUFFONS ITALIENS.

MOMUS.

POur rendre encor vos jeux plus vifs & plus piquans
   Momus arrive d'Italie :
   Voyez mes fideles enfans
   Prêts à seconder votre envie.
   Chaque plaisir a ses instans :
   De l'éclat des hauts sentimens
   L'âme longtems attendrie
Aime à se reposer dans ces heureux momens
   Que la raison permet à la folie.

(LES ACTEURS BOUFFONS *s'emparent de la scène & exécutent des morceaux de leur genre.*)
Un Ballet général termine le Divertissement.

FIN.

APPROBATION.

J'AI lu, par ordre de Monseigneur le Garde des Sceaux, LES TROIS AGES DE L'OPERA & l'Acte de FLORE, & je n'y ai rien vu qui puît en empêcher l'impression. A Paris, ce 18 Avril 1778.

BRET.

LA FÊTE

DE

FLORE,

PASTORALE.

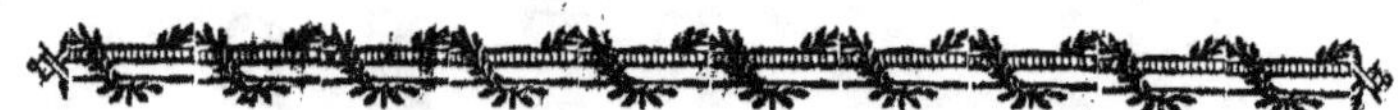

Le Poeme eſt de M. de SAINT-MARC.

La Muſique eſt de TRIAL.

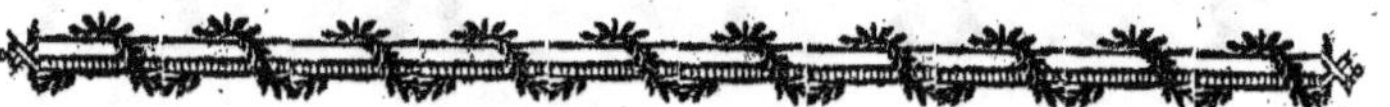

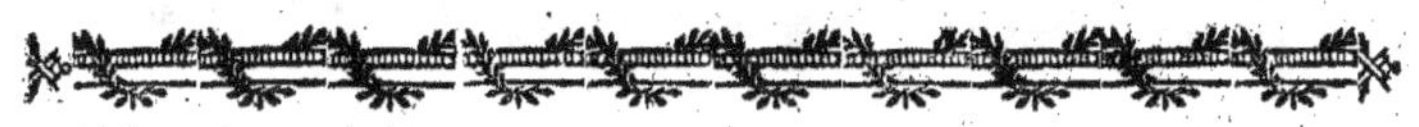

ACTEURS.

FLORE, Mlle. Châteauvieux.

HYLAS, *berger, amant
d'EUCHARIS,* M. le Gros.

EUCHARIS, *bergere,
prêtresse de* FLORE, Mlle. la Guerre.

CÉPHISE, *bergere coquette,* Mlle. Beaumesnil.

*La guirlande d'EUCHARIS doit être blanche;
celle de* CÉPHISE, *couleur de rose;
celle d'HILAS, verte.*

La Scéne est en THESSALIE.

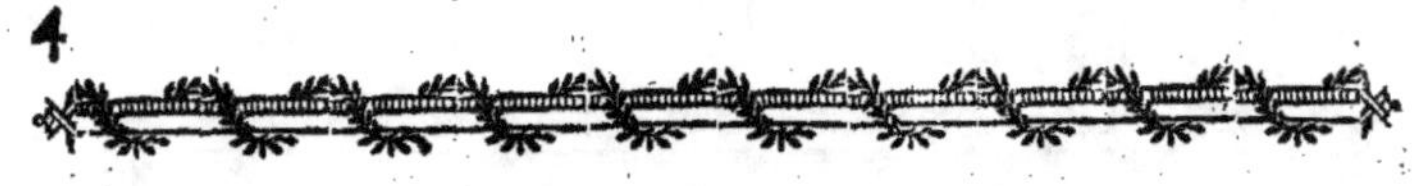

PERSONNAGES DANSANS.

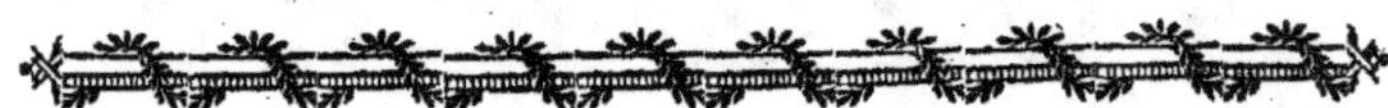

BERGERS et *BERGERES.*

M^r. VESTRIS, p.   Mlle. GUIMARD.
M^r. GARDEL, l.   Mlle. HEYNEL.
M^r. VESTRIS, f.   Mlle. ASSELIN.

M^{rs}. Doſſion, Caſter, Giguet, Clergé,
Delahaye, Pladix.

Mlles. Villette, Tiſte, Duval, Courtois, c.
Neuville, Dauvillier.

PASTRES et *PASTOURELLES.*

M^r. DAUBERVAL.

Mlles. ALLARD,   PESLIN.
M^{rs}. BARRE',   OLIVIER.
Mlles. MULLER,   COULON.

M^{rs}. Hennequin, c. Laval, Dupré, Ducel.
Mlles. Courtois, l. Henriette, Carré, Eliſe.

LA FÊTE DE FLORE,
PASTORALE.

Le théâtre repréfente un boccage, au fond duquel eft une efpece de fanctuaire, où il y a un autel, fur lequel eft la ftatue de FLORE. Il y a, à ce fanctuaire, deux autres entrées, ou paffages, formés naturellement par le jeu des arbres, de maniere qu'on puiffe aller à l'autel & revenir fur le devant de la fcêne par ces paffages, ainfi que par le fanctuaire même. Au pied de l'autel font plufieurs guirlandes & couronnes, compofées de toutes fortes de fleurs. Sur un des angles du devant de l'autel, font deux guirlandes enlacés, l'une blanche, & l'autre verte.

SCÊNE PREMIERE.

CÉPHISE, *feule.*

Amour, Amour, prête-moi tous tes charmes ;
Lance par moi tes traits vainqueurs :

Sans éprouver ton trouble & tes vives allarmes,
Que je les porte au fond des cœurs.
Avec plus d'art, l'heureuse indifférence
Use des moyens de charmer :
C'est pour mieux servir ta puissance
Que je ne veux jamais aimer.

Hylas a le cœur tendre, & je n'ai pu lui plaire :
Trompé par mon adresse, il a fui sa bergere ;
Mais, en ce jour de fête, il revient plus épris ;
Il unit son hommage à celui d'Eucharis :
Suivons, pour me venger, le dépit qui m'éclaire.

(CÉPHISE, qui a sa guirlande à la main, la joint à la guirlande verte qui est sur le devant de l'Autel, & jette la guirlande blanche derriere cet Autel.)

(On entend une symphonie, qui annonce les bergers.)

Mais déjà nos bergers s'avancent vers ces lieux.
Pour remplir mes projets, profitons de nos jeux.

(Une troupe de bergers, de bergeres, de pâtres & de pastourelles porte, en dansant, au pié de l'autel, de nouvelles guirlandes & de nouvelles couronnes de fleurs.)

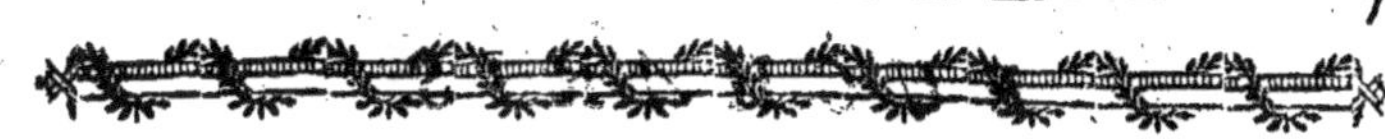

SCÈNE II.

EUCHARIS, BERGERS, BERGERES, PASTRES,
PASTOURELLES.

LE *CHŒUR.*

Rivale de la jeune Aurore,
Fille riante du printems,
Reçois de nous, charmante Flore,
L'hommage pur de tes préfents.
Il n'eſt point de plus doux encens
Que les fleurs que tu fais éclore.

(On danſe.)

EUCHARIS.

Un Dieu bienfaiſant
Forma la nature :
La Terre en naiſſant,
Te dût ſa parure.
L'amant de Thétis,
Au ſortir de l'onde,
Éclaire le monde,
Et tu l'embellis.

LE *CHŒUR.*

Reçois de nous, charmante Flore, *&c.*

EUCHARIS.

De tes dons brillants
Vénus fe couronne ;
Les tendres amants
En parent fon trône :
Le plaifir toûjours
En fait fur tes traces,
L'ornement des grâces,
Les nœuds des amours.

Un Dieu, &c.

LE CHŒUR.

Rivale de la jeune Aurore, &c.

EUCHARIS.

Heureux habitans de ces lieux,
C'eft affez célébrer votre reconnoiffance.
Allés jouir des biens que Flore vous difpenfe :
Je vais lui préfenter vos vœux.

SCÊNE

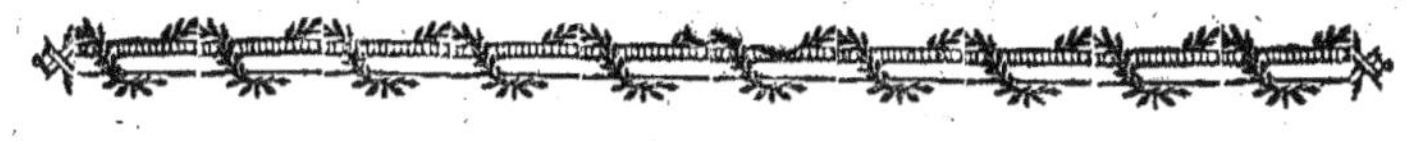

SCÊNE III.

EUCHARIS, feule.

(Appercevant la guirlande d'Hylas, jointe à
celle d'une autre bergere.)

Mais que vois-je ? quel prix de mon ardeur fin-
cere !
La guirlande d'Hylas jointe, par mille nœuds,
 A celle d'une autre bergere !

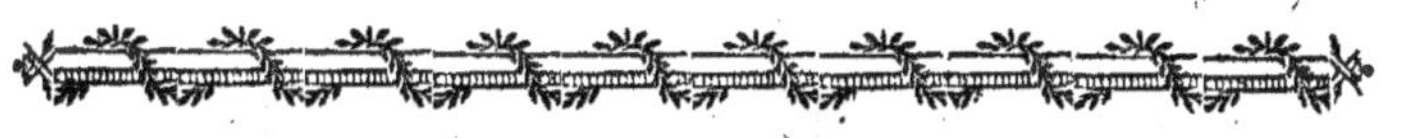

SCÊNE IV.

EUCHARIS, CÉPHISE.

CÉPHISE.

De ce jour, fait pour le plaifir,
Pourquoi ne pas goûter les charmes ?
Dans vos yeux j'ai lu vos allarmes :
Je viens les partager, je viens les adoucir.
  Votre triftefle
  S'accroît fans-cèfle ;

B

Parlés, sans détour.
Prêtresse de Flore,
Seriés-vous encore
Victime de l'amour ?

EUCHARIS.

Hélas !

CÉPHISE.

Le tendre Amour vous forma pour sa gloire ;
Non, la belle Eucharis n'aime point vainement.

EUCHARIS.

Céphise !… Hylas est inconstant.
Ah qu'il m'en coûte pour le croire !

CÉPHISE.

Regretter un perfide amant
C'est mériter une nouvelle offense.
Les pleurs que l'amour répand
Font la gloire de l'inconstance.

EUCHARIS.

Eh, comment de l'ingrat perdre le souvenir ?
Ah ! de mon cœur je ne puis le bannir.

CÉPHISE.

De la fleur la plus belle
Voyés le deſtin.
Chaque matin,
Une rôſe nouvelle
Pare notre ſein.

Le plaiſir, comme elle,
Au gré des Amours,
Change tous les jours.
De ce bien ſuprême
Sachons nous ſaiſir :
Qu'importe qu'il ſoit le même,
Si c'eſt un plaiſir ?

EUCHARIS.

L'amour léger & volage
N'a que de trompeurs attraits :
Pour plaire aux cœurs qu'il engage,
Du bonheur il offre l'image,
Mais ne le donne jamais.

CÉPHISE.

De la fleur, *&c.*

EUCHARIS, appercevant HYLAS.

Que vois-je ? o dieux ! Hylas s'avance.
Pour lui cacher mes pleurs, évitons ſa préſence.

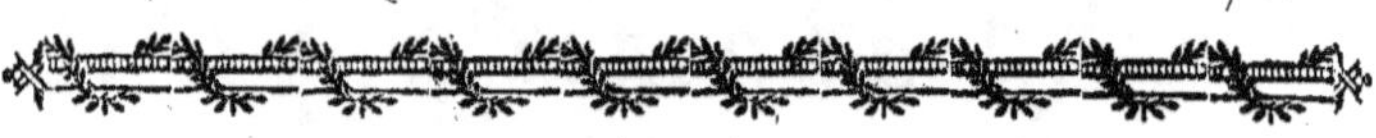

SCÊNE V.

CÉPHISE, HYLAS.

HYLAS, à EUCHARIS, qui sort.

Belle Eucharis, hélas ! quelle injuste rigueur !
Eh quoi, vous me fuyés?.. o tendresse fatale !

CÉPHISE, à part.

Vengeons-nous, je le dois : détruisons ma rivale.
Ma gloire l'ordonne à mon cœur.

(à HYLAS.)

A nos desirs, berger, vous daignés donc vous rendre!
La joie enfin renaît dans nos cœurs attendris.

HYLAS.

Ah ! si je vous suis cher, parlés-moi d'Eucharis.
Parlés ; ne dois-je plus attendre
Que des rigueurs & des mepris ?

CÉPHISE.

Loin de succomber à ses peines,
L'amant, qui gémit sous ses chaînes,
Ne doit songer qu'à les quitter.

L'Amour a des aîles
Pour fuir les cruëlles :
Il faut l'imiter.

HYLAS.

Quelle Beauté pourroit encor me plaire ?
Eucharis trahit fes ferments.
Il n'eft plus de tendre bergere,
Plus de bonheur pour les amants.

Quoi, je n'ai donc plus d'efpérance ?

CÉPHISE.

L'Amour vous offre une vengeance,
Qui vous fervira mieux
Qu'une vaine conftance.
Hylas, ouvrés les yeux.

Quand l'Amour nous appelle,
S'il nous prefcrit un nouveau choix,
Volons à fa voix.

Une ardeur nouvelle
Doit nous enflâmer :
Laîffons-nous charmer.
C'eft être fidele
Que toûjours aimer.

HYLAS.

Abandonné par celle que j'adore,
Ah ! faut-il que l'Amour me force à la servir ?

CÉPHISE.

Et fi, plus infenfible au feu qui vous dévore,
Elle aimoit un berger...

HYLAS.

Je la voudrois haïr ;
Mais mon cœur l'aimeroit encore.

CÉPHISE.

Eh bien, forme de vains defirs ;
Hylas, brûle pour ta bergere.
Ce n'eft qu'en amufant que l'on parvient à plaire :
L'ennui toûjours fuit les triftes foûpirs.

L'Amour doit avoir en partage
La légéreté de Zéphir.
Toûjours rïant, fouvent volage,
Comme lui, changer & joüir :
Dans les larmes, dans l'efclavage
Il n'eft plus le dieu du plaifir.

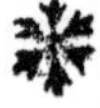

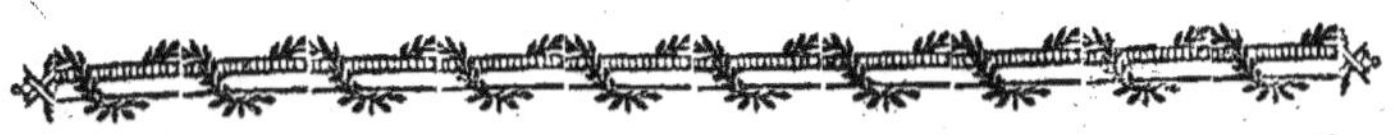

SCÊNE VI.

HYLAS, seul.

Amour, si tu te plais à ma douleur mortelle,
Si les maux d'un cœur tendre ont pour toi des appas,
Quels maux, quelle peine cruëlle
Réserves-tu pour punir les ingrats ?

SCÈNE VII.

EUCHARIS, HYLAS.

HYLAS, à EUCHARIS, qui paroît & veut, en voyant HYLAS, rentrer dans le bosquet de FLORE.

En vain vous évités le malheureux Hylas ;
Vous m'enviés en vain la douceur de me plaindre :
Quand on n'est plus aimé, que reste-t-il à craindre ?
Par tout je veux suivre vos pas.

EUCHARIS.

Ingrat, cessés de vous contraindre.
Allés vivre heureux, loin de moi,
Si l'on peut être heureux en trahissant sa foi.

HYLAS.

Qui, moi ! je vous aurois trahie ?

EUCHARIS, lui montrant l'Autel.

Regarde, & vois ta perfidie.

HYLAS.

Quelle barbare main a pu tromper mes feux ?

EUCHARIS.

EUCHARIS.

Je ne veux plus entendre un perfide, un parjure.

(*On entend une douce symphonie.*)

Mais quels accents mélodïeux !
L'air, plus pur & plus frais, rajeunit la verdure.

HYLAS.

C'eft Flore qui paroît ! elle prévient mes vœux,

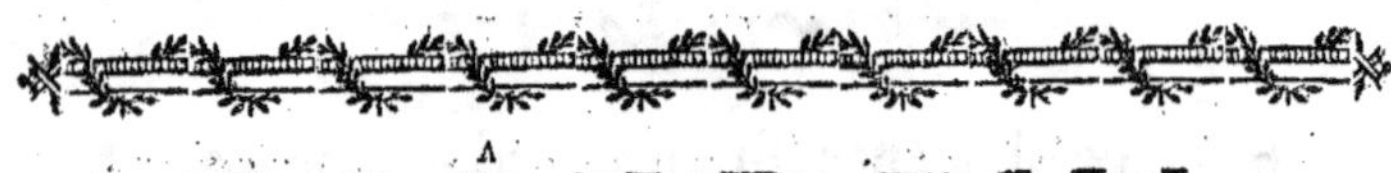

SCÊNE VIII.

FLORE, EUCHARIS, HYLAS.

(*Flore paroît dans un char de fleurs.*)

FLORE.

Goûtés le prix d'une égale conſtance.
Céphiſe en vain voulut vous déſunir :
Le ciel trompe ſon eſpérance.
Votre bonheur doit aſſés la punir :
Ce ſera ma ſeule vengeance.

(*Elle deſcend de ſon char.*)

EUCHARIS & HYLAS, à FLORE.

Notre reconnoiſſance
Égale le bonheur dont nous allons jouïr.

TRIO.

FLORE.

Votre chaîne ſera légère.
Hymen, vole, & viens la former.

HYLAS.

Que ma chaîne ſera légère !

EUCHARIS

Hymen, vole, & viens la former.

F L O R E.

Votre bonheur eſt de vous plaire ;
Votre gloire eſt de vous aimer.

H Y L A S.

Notre bonheur eſt de nous plaire.

E U C H A R I S.

Notre gloire eſt de nous aimer.

F L O R E.

Brûlés d'une éternelle flâme,
Chaſſés la crainte loin de vous.

H Y L A S.

Brûlons d'une éternelle flâme.

E U C H A R I S.

Chaſſons la crainte loin de nous.

E N S E M B L E.

L'Amour n'eſt qu'un tourment pour l'âme,
S'il eſt inconſtant ou jaloux.

FLORE.

Qu'on respire en ces lieux une volupté pure :
Qu'ils soient changés en des jardins charmants.
Tout doit jouïr dans la nature
De la félicité de deux parfaits amants.

(*Au fond du théâtre s'éleve un trône de fleurs où* F L O R E *va se placer.*)

(*Le théâtre représente les jardins les plus riants.*)

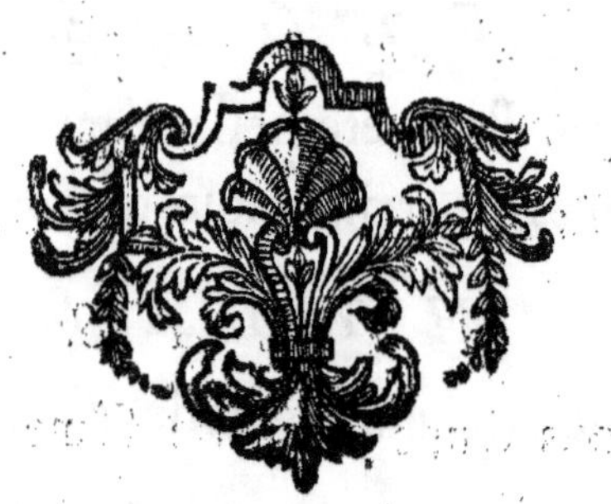

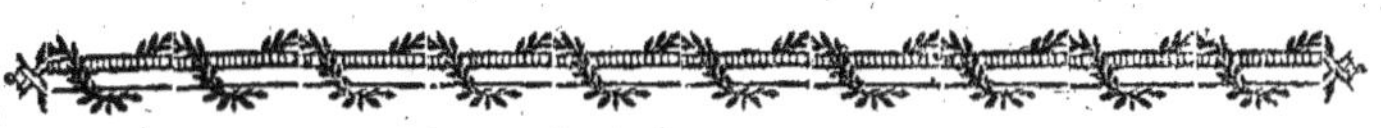

SCÊNE DERNIERE.

FLORE, EUCHARIS, HYLAS.

BERGERS, BERGERES, PASTRES,
& PASTOURELLES.

(On danſe.)

EUCHARIS , HYLAS & le CHŒUR.

POur célébrer notre aimable immortelle,
Que nos chants , que nos jeux répondent à nos
cœurs.
Que notre ardeur ſoit digne d'elle,
Et renaîſſe comme ſes fleurs.

(On danſe.)

EUCHARIS.

Jeunes beautés , que l'Amour vous éclaire.
L'art d'enflâmer n'offre qu'un faux honneur.
Il vous égare, & le ſeul don de plaire
N'eſt qu'un plaiſir , & jamais un bonheur.
Enchaînés-vous par des liens durables :
Pour votre cœur le bonheur eſt certain.
Ne craignés pas d'en être moins aimables :
Plaire & charmer c'eſt-là votre deſtin.

(On danſe.)

HYLAS.

Des dons brillants de Flore
Le doux printems emprunte ſes attraits.
Ainſi le dieu charmant que l'univers adore
A la Beauté doit tous ſes traits.

C'eſt elle qui porte en nos âmes
Le ſentiment & les déſirs.
Un ſeul de ſes regards ſur nous lance les flâmes
Du dieu; que ſuivent les plaiſirs.

(Un Divertiſſement général termine cette Paſtorale.)

F I N.

A P P R O B A T I O N.

J'AI lu, par ordre de Monſeigneur le Garde des Sceaux, *LA FETE DE FLORE*, *Paſtorale*; & je n'y ai rien trouvé qui m'ait paru devoir en empêcher l'impreſſion. A Paris, ce 18 Avril 1778.

BRET.